LA FAMILLE

DE ROTHSCHILD

D'APRÈS UNE PUBLICATION EN POLONAIS

TRADUITE

Par le Dr I. M. RABBINOWICZ

TRADUCTEUR DU THALMUD, AUTEUR DE LA GRAMMAIRE LATINE, HÉBRAIQUE, etc.

PARIS

IMPRIMERIE VICTOR GOUPY ET JOURDAN

RUE DE RENNES, 71

1882

LA FAMILLE

ROTHSCHILD

OUVRAGES DU MÊME AUTEUR

Législation criminelle du Thalmud, imprimée à l'imprimerie Nationale, se vend chez l'auteur, 63, rue de Seine, presque épuisé. Prix : 60 fr.

Législation civile du Thalmud, traduction du **traité Khethouboth**, chez Ernest Thorin, Paris, 7, rue de Médicis, et chez l'auteur, 63, rue de Seine. Prix : 4 fr.

Législation civile du Thalmud, les femmes, les païens selon le Thalmud, ou Nouveau commentaire et traduction critique des **traités Berakhoth jusqu'à Khethouboth, Ghitin, Kidouschin**, de tous les passages des 26 traités des 3 premières divisions qui concernent les femmes, les païens, etc. Tome I, chez l'auteur, 63, rue de Seine. Prix : 20 fr.

Nouveau commentaire et traduction critique du **traité Baba Kama**, chez l'auteur, Prix : 20 fr. — Tome II.

Nouveau commentaire et traduction critique du **traité Baba Metzia**, chez l'auteur. Prix : 20 fr. — Tome III.

Nouveau commentaire et traduction critique du **traité Baba Bathra**, chez l'auteur. Prix : 20 fr. — Tome IV.

Nouveau commentaire et traduction critique de *tous* les passages des 30 traités des trois dernières divisions, qui concernent la législation, la médecine, les païens; chez l'auteur, 63, rue de Seine. — Prix : 20 fr. — Tome V.

La médecine du Thalmud, chez l'auteur, 63, rue de Seine. Prix : 10 fr.

Introduction générale du Thalmud. Prêt à paraître.

Nouveaux principes de la prononciation anglaise, chez Baudry, 3, quai Voltaire, et chez l'auteur, 63, rue de Seine. Prix : 4 fr.

Nouveau traité pratique de la prononciation anglaise, chez les mêmes. Prix : 1 fr.

Grammaire latine, raisonnée et simplifiée, expliquant le latin par les règles de la langue française, avec cinq nouvelles listes alphabétiques : des verbes irréguliers, des prépositions, des verbes composés, des mots régissant le subjonctif, des désinences irrégulières et surtout la liste inédite de 81 colonnes des deux temps primitifs qui changent le radical du présent. Paris, chez Delagrave, rue Soufflot. Prix : 4 fr.

Grammaire polonaise comparée avec l'hébreu et l'allemand, en langue allemande, chez Gebethner et Wolf, à Varsovie. Prix : 4 fr.

Grammaire hébraïque raisonnée, en allemand, à Leipzig, chez Brockhaus. Prix : 4 fr.

Grammaire hébraïque pratique, en allemand, dédiée à Alexandre de HUMBOLDT, chez Hepner, à Breslau, et traduite en français par Clément Mullet. Paris, chez Franck, 67, rue Richelieu. Prix : 4 fr.

La religion nationale des anciens hébreux, réponse à la **Revue des Deux Mondes**; chez l'auteur, 63, rue de Seine. Prix : 1 fr.

Histoire sainte, chez l'auteur, 63, rue de Seine. Prix : 1 fr.

Le rôle de Jésus et des Apôtres, chez Michel Lévy. Épuisé.

Essai sur le Judaïsme, son passé et son avenir, chez l'auteur, 63, rue de Seine. Prix : 1 fr.

Traité des poisons de Maimonide, Paris, chez Delahaye. Épuisé.

Principes thalmudiques de Schehitah et de Terephah au point de vue médical, chez l'auteur, 63, rue de Seine. Prix : 3 fr.

LA FAMILLE

DE ROTHSCHILD

D'APRÈS UNE PUBLICATION EN POLONAIS

TRADUITE

Par le Dr I. M. RABBINOWICZ

TRADUCTEUR DU THALMUD, AUTEUR DE LA GRAMMAIRE LATINE, HÉBRAIQUE, etc.

PARIS

IMPRIMERIE VICTOR GOUPY ET JOURDAN

RUE DE RENNES, 71

1882

LA FAMILLE ROTHSCHILD

Le monde civilisé tout entier connaît le nom de Rothschild comme puissance financière. On connaît aussi leur noble caractère et leur charité inépuisable, mais l'histoire de cette illustre famille est moins connue. Je vais donc traduire en français l'histoire que j'ai trouvée imprimée en une langue étrangère et qui fera connaître les membres de cette grande famille comme hommes, comme citoyens et comme Israélites.

Il va sans dire, dit l'auteur de cette histoire, que nous n'avons pas l'intention de raconter ici l'histoire de la richesse de la famille de Rothschild, ni décrire l'influence que les membres de cette famille ont exercée par leurs opérations financières sur les affaires politico-sociales de l'Europe entière. Tout cela fait partie de l'économie générale et de l'histoire de l'Europe. Notre tâche est plus modeste. Nous voulons seulement faire connaître ce qui servira à caractériser les personnes éminentes de la famille de Rothschild au point de vue de l'humanité, qu'aucun des membres de cette noble maison, fidèle à la tradition de famille, n'a abandonnée jusqu'à présent.

Commençons par le patriarche de cette noble famille et le fondateur de l'illustre maison de Rothschild.

I

MEYER AMSCHEL ROTHSCHILD

Né 1743, mort 19 septembre 1812.

Le fondateur de l'illustre famille de Rothschild a vu le jour dans le quartier juif à Francfort sur le Mein, dans la maison appelée *Zum rothen Schilde*. C'est de cette maison, dont les traces se sont perdues il y a déjà plus d'un siècle, que vient le nom si célèbre dans le monde entier. Meyer Amschel a depuis sa plus tendre enfance montré des talents extraordinaires, et ses parents, Amschel Moser et Schönhan Lechnich, tous les deux extrêmement pieux, n'avaient qu'un désir, c'est que leur cher fils si bien doué se destine à l'étude du Thalmud. C'est ainsi que Meyer Amschel a reçu de son père l'éducation qui devrait en faire un rabin ou un grand thalmudiste.

Cependant Meyer Amschel, à peine arrivé à l'âge de 11 ans, a perdu ses parents; son père est mort en 1754 et sa mère une année plus tard. Que devrait devenir le pauvre orphelin abandonné à lui-même? Heureusement l'enfant du quartier juif de Francfort avait une grande énergie. Il se rendit tout seul à Fürth, où il fréquenta avec un zèle infatigable l'académie thalmudique, qui était alors très renommée. Plus tard, il se donna tout entier à l'étude des antiquités et surtout à la numismatique.

Après son retour dans sa ville natale, il se voua au commerce avec beaucoup de zèle. Peu de temps après, il

accepta une place dans la maison du banquier Oppenheim
à Hanovre, où il avait l'occasion d'apprendre à fond la
science commerciale et de connaître les rapports commer-
ciaux de toute l'Europe. Le principal de cette maison de
banque ne tarda pas de reconnaître les talents extraordinaires de notre jeune homme, et commença d'abord par
le charger des opérations commerciales les plus compli-
quées et les plus difficiles, et puis il en fit l'associé de sa
grande maison. Cependant, quelques années plus tard,
voulant devenir complétement indépendant, Meyer Amschel quitta Hanovre et retourna à Francfort, où il fonda
un nouvel établissement commercial avec son petit capital. Francfort était une des villes les plus commerçantes
de cette époque, et elle offrait un champ considérable à
l'activité d'un homme si entreprenant et si infatigable que
notre Amschel. Du reste, la bénédiction du ciel paraît
aussi avoir favorisé les entreprises de notre commerçant,
quoiqu'elles aient été encore modestes au commence-
ment. Dans sa petite boutique qui renferma des marchandises variées, Meyer Amschel n'a eu aucun pressentiment
de la future grandeur de sa maison.

Arrivé ainsi à une existence indépendante, Amschel
épousa en 1770 Gittle ou Gudula, née Schnapper. Il fut
aussi heureux dans le choix de sa femme qu'il l'était dans
ses entreprises commerciales. Gittle était une femme vraiment extraordinaire. Pieuse, d'une rare bonté, intelli-
gente, d'une simplicité patriarcale et économe, ce mo-
dèle d'une femme israélite était la compagne la plus
fidèle de son mari et la mère la plus tendre de ses enfants.
Elle donna à son mari dix-neuf enfants, et elle nourris-
sait elle-même tous ses enfants, quoiqu'elle soit devenue

très riche. De ses dix-neuf enfants il n'y en eut que dix qui lui ont survécu.

En 1780, Meyer Amschel était déjà à même d'acheter dans le quartier juif de Francfort la maison appelée *Zûm grünen Schilde*, dans laquelle il est resté toute sa vie, quoique la maison fût petite et que le commerce se déve-loppât tous les jours d'une manière extraordinaire.

Par la connaissance de la numismatique que Meyer Amschel avait étudiée, il avait des relations avec Guillaume IX, alors prince de Hesse-Cassel, et puis électeur sous le nom de Guillaume I, qui s'occupait également de numismatique avec beaucoup de zèle.

En 1801, le prince donna à notre habile et actif banquier israélite, le titre d'agent de cour, et il l'appuyait dans toutes ses entreprises. En 1806, Guillaume dans sa fuite devant l'armée française, confia son immense fortune à notre Meyer Amschel de Francfort, pour qu'il la mît à l'abri contre les envahisseurs. Amschel prit donc les millions du prince, les transporta en homme consciencieux dans sa maison, au risque de sa vie et de celle de ses enfants, et il les cacha dans des tonneaux de vin dans sa cave.

Dans la même année, Charles de Dalberg, prince primat de la confédération du Rhin, devint le maître de Francfort, et lui aussi il honorait de sa confiance notre banquier. En homme libéral, Dalberg était bien disposé pour les Juifs ; et comme prince il consentit à donner aux Juifs tous les droits civils et politiques, que ceux-ci devaient payer. Meyer Amschel a, en outre, à cette époque malheureuse, rendu tant de services à la ville, et il a si généreusement secouru ses pauvres, qu'il était impossible de refuser l'émancipation aux Juifs. La communauté isra-élite de Francfort payait alors l'impôt annuel de 22,000 florins. Pour la somme de 440,000 florins, la somme de l'impôt multipliée par 20, le prince Dalberg donna aux Juifs tous les droits civils et politiques par un décret promulgué le 28 décembre 1811. Le prix de l'émancipation devait être payé ainsi qu'il suit : 150,000 devaient l'être tout de suite, 50,000 une année plus tard, et puis 10,000 tous les ans. Plus tard le restant de la dette fut converti en obligations portant intérêt, et Meyer Amschel arrangea toute l'affaire pour le mieux. Les Juifs ont prêté le serment de citoyen. La première application de cette émancipation des Juifs fut le choix d'un Israélite, Louis Baruch Bœrne, le père du célèbre écrivain, pour un emploi dans la police du prince. Le 12 juin 1812, le prince nomma l'honorable Meyer Amschel membre du collège électoral de Francfort.

Meyer Amschel mourut le 19 septembre 1812, avant que la réaction ait enlevé aux Juifs leurs droits. Il a laissé cinq filles et cinq fils, lesquels fils ont fondé cinq maisons de banque dans cinq états, savoir : à Francfort, à Londres, à Vienne, à Naples et à Paris. Les filles ont épousé des hommes éminents : Worms, Sichel, Beyfuss et Montefiore.

Guillaume retourna dans ses domaines en 1813. Il a déjà renoncé à la possession de son immense fortune qu'il avait donnée à Meyer Amschel pour la garder contre l'invasion, car il pensait que dans cette époque il était impossible de cacher une pareille fortune devant l'ennemi. Du reste, Meyer Amschel étant mort, ses fils auraient pu s'affranchir des obligations que leur père devait accomplir. Mais les honorables fils de l'honnête homme ne pouvaient pas concevoir une idée pareille. Ils rendirent donc au prince ses millions et même les intérêts de ces millions. Le prince fut agréablement surpris, en recevant des mains des fils de son ancien agent les millions qu'il croyait déjà perdus et encore leurs intérêts. Le célèbre peintre des scènes juives, Maurice Oppenheim, a immortalisé par un beau portrait les deux actes, savoir : la scène où le prince confie sa fortune à Meyer Amschel, et celle où les fils de celui-ci lui rendent la même fortune avec les intérêts. Cet acte d'honnêteté, accompli par les fils de Rothschild, a aussi dans la suite facilité à cette famille la route, par laquelle elle est arrivée à la hauteur qu'elle occupe à présent.

Meyer Amschel mourut à l'âge d'environ 70 ans. Sa femme lui a survécu encore 37 ans, et, jusqu'à la fin de sa vie, elle resta dans la modeste maison appelée *Zûm grünen Schilde,* et elle ne voulait pour rien au monde quitter cette maison pour aller demeurer dans le palais de son fils.

Les détails suivants peuvent servir pour caractériser les ancêtres de la famille de Rothschild. Meyer Amschel, malgré les immenses richesses qu'il a acquises, ne voulait jamais changer quoi que ce soit dans son habillement et dans sa manière de vivre. L'honnêteté, la piété et la charité étaient non seulement les traits saillants de son caractère, mais elles composaient son être moral tout entier. Les secours donnés à des pauvres lui procuraient le plus grand plaisir, et il donnait toujours de manière à échapper aux remerciements. Il avait donc l'habitude de se promener tous les jours dans le crépuscule à travers les

rues de Francfort, et il donnait de l'argent dans la main
de chacun des pauvres qu'il rencontrait, en s'éloignant de
lui rapidement pour échapper aux remerciements. Dans
son testament il légua aux pauvres une somme considérable.

La veuve de Meyer Amschel, écrit un de ses contem-
porains, porte sur la tête un bonnet garni de dentelles,
qui, comme chez les anciennes juives, couvre le front
tellement qu'on ne puisse pas voir un seul de ses che-
veux. Parmi ses fils c'était Anselm Meyer qui lui ressemblait le plus. Tous ses enfants, du reste, la vénèrent pro-
fondément. Elle demeure toujours encore dans le quartier juif dans les mêmes appartements qu'elle occupait
jadis, quand elle était la femme d'un modeste commerçant. Elle ne voulait jamais quitter ces vieux appartements
situés dans une rue étroite et malsaine. Cette rue était si
étroite, qu'aucune voiture ne pouvait y entrer; toutes les
fois que son fils venait lui faire une visite, il était obligé
de laisser sa voiture à l'entrée de la rue et d'aller à pied
chez sa mère.

Boerne raconte de beaux traits des deux ancêtres de la
famille de Rothschild. En se promenant avec Heine un
jour de l'hiver, pendant la fête des Macchabées, dans le
quartier juif de Francfort, il s'arrêta devant la maison
Zûm grünen Schilde et dit : « Dans cette petite maison
« demeure la veuve de Meyer Amschel, qui, malgré la
« puissance universelle de ses fils, ne veut jamais quitter
« sa petite maison natale du quartier juif, et aujourd'hui
« à cause de la fête des Macchabées elle a orné ses fenêtres
« de rideaux blancs. Quel plaisir de voir ces petites lampes
« qu'elle a allumées de ses propres mains en l'honneur

« de ces jours, dans lesquels il y a plus de 2000 ans
« Judas Macchabée avec ses frères combattait héroïque-
« ment pour sa patrie. Quand cette brave femme regarde
« ces lampes, des larmes lui montent aux yeux, car elle
« se rappelle les jours de sa jeunesse, quand feu Meyer
« Amschel, son cher époux, allumait lui-même ces
« lampes, et que ses fils, alors enfants, allumaient à leur
« tour de petites lampes et dansaient autour d'elles pleins
« d'enthousiasme enfantin, comme c'est l'habitude en
« Israël. Le vieux Rothschild était un homme honnête,
« c'était la piété et la bonté personnifiées. Il avait la
« figure aimable, avec une barbe pointue; il portait sur la
« tête un chapeau triangulaire et ses vêtements étaient
« plus que modestes. Il se promenait ainsi à Francfort,
« et il était toujours entouré d'un grand nombre de pau-
« vres, auxquels il distribuait de l'aumône. Toutes les fois
« que tu rencontres dans la rue beaucoup de mendiants à
« l'air content, tu peux être sûr que le vieux Rothschild
« a fait ici précisément sa promenade...... Quand j'étais
« encore un petit gamin, je me promenai un vendredi
« soir avec mon père dans le quartier juif, où nous ren-
« contrâmes le vieux Rothschild précisément quand il
« sortait de la synagogue. Il me souvient qu'après un
« court entretien qu'il avait eu avec mon père, il me dit
« aussi quelques mots aimables, et il posa sa main sur ma
« tête pour me donner sa bénédiction. Je suis parfaite-
« ment convaincu, que c'est à cette bénédiction que je
« dois que mon porte-monnaie n'est jamais complète-
« ment vide, quoique je sois devenu un auteur allemand. »
(Heine-sur-Bœrne).

Avant sa mort, Meyer Amschel rassembla ses fils, leur

donna sa bénédiction et leur raconta la fable persane du faisceau de petits bâtons, dont chacun séparément se casse avec facilité, tandis qu'ensemble ils présentent une force invincible. Enfin il exigea de ses fils la promesse, qu'ils ne changeraient jamais de religion, qu'ils ne se sépareraient jamais l'un de l'autre, et qu'ils n'entreprendraient jamais rien sans avoir préalablement pris l'avis de leur mère, tant qu'elle vivrait. Et les fils ont promis et ils ont tenu leurs promesses.

Anzelm Meyer, son fils aîné, faisait tous les jours des visites à sa mère, et jusqu'à la fin de sa vie il l'honorait comme dans son enfance.

La veuve de Meyer Amschel, Gittle ou Gudule, était une femme de rares talents. La pentarchie de la richesse, créée par ses cinq fils, l'a toujours laissée modeste et sans prétentions. Charles Gutzkow écrit d'elle, quand elle vivait encore : « Elle est le génie qui veille constamment « sur ses enfants, un génie invisible, puisqu'elle reste « toujours dans le ghetto de Francfort. La vieille matrone « ne peut pas se séparer de la misère de son peuple. »

Elle raconta un jour, en 1838, que : « James est le dernier, le dix-neuvième de mes enfants, et je lui ai donné, à lui aussi, moi-même, le sein. » C'est avec un bonheur visible qu'elle rappelait son passé ; en montrant à ses petits-enfants la maison et le lit de son mari, elle leur disait : « Vos chevaux sont mieux logés. »

Elle mourut, en emportant les bénédictions de tout le monde, en 1849, à l'âge de 94 ans.

Les ancêtres de Rothschild ont légué leur nom et leurs richesses à leurs cinq fils, qui par le travail et par des opérations heureuses, ont augmenté l'héritage et rendu leur nom célèbre dans le monde entier. Ces fils, devenus plus tard les chefs des maisons de banque des grandes capitales de l'Europe, sont :

Anzelm Meyer,

Salomon Meyer,

Nathan Meyer,

Charles Meyer,

James (Jacob) Meyer,

dont nous voulons ici, d'après des sources authentiques, raconter en substance, les services rendus à l'humanité.

II

Anzelm Meyer Rothschild

Chef de la maison natale de Francfort, né 12 juin 1773, mort 6 décembre 1855.

Après la mort du fondateur de la famille, de Meyer Amschel Rothschild, qui eut lieu 17 septembre 1812, son fils aîné, Anzelm Meyer, est devenu le chef de la maison natale de Francfort. Dès sa plus tendre enfance on lui donnait une éducation commerciale, et il était bien doué pour apprendre à fond les plus grands secrets de la vie commerciale. Le nouveau chef de la maison paternelle se distinguait par les connaissances profondes du commerce et par l'honnêteté de son caractère, ce qui lui a valu l'estime méritée des plus hautes sphères de la société. Déjà en 1813, Anzelm Meyer fut nommé conseil commercial de la Prusse. En 1816, on lui donna, à lui et à ses frères, — excepté Nathan — le titre de noblesse héréditaire de l'Autriche. En 1820, il fut nommé consul de la Bavière à Francfort et agent de la cour, et en 1822, tous les cinq frères furent élevés à la dignité de baron.

Cependant ces nominations honorifiques qui se succédèrent rapidement l'une après l'autre, n'exerçaient aucune influence sur son caractère et ne changeaient pas sa manière de vivre. Anzelm Meyer, comme tout homme d'un grand caractère, connaissait trop bien sa propre valeur réelle, pour attacher de l'importance aux titres brillants. N'ayant pas d'enfants, il s'attachait à maintenir les sentiments religieux dans les membres de sa famille. Il craignait que la jeune génération, séduite par des distinctions honorifiques et par des titres brillants, ne devînt infidèle à la religion nationale, comme on en a vu de tristes exemples à cette époque. Un jour son frère, Charles Meyer, parlant de ses fils, les appela « de jeunes barons. » Alors le puritain Anzelm l'interrompit, en lui disant : « Laisse donc ces vains titres; que tes fils se distinguent comme hommes et comme négociants, et qu'ils ne cherchent pas à briller dans le monde comme des barons. »

Un contemporain décrit Anzelm de la manière qui suit :

« Anzelm Meyer Rothschild est le plus ancien des millionnaires européens, il a la physionomie tout à fait orientale; ses mœurs et ses habitudes sont celles des anciens Israélites. Il sort le plus souvent à pied. Il donne une aumône abondante à tout mendiant qui l'aborde. Il est, en général, extrêmement généreux. Les pauvres familles juives de Francfort ne vivent que de ses aumônes. C'est lui qui a donné la plus grande partie des frais nécessaires à la construction du nouvel hôpital juif. S'il y a un malheur public par suite d'un incendie, de la cherté des vivres, des hivers rigoureux, etc., il donne, le premier, de grandes sommes pour secourir les malheureux. Toutes les fois qu'il y a une grande misère publique, on voit des groupes considérables devant le comptoir de Rothschild dans la *Fahrgasse* et personne ne s'en va sans avoir été écouté, et nul ne retourne dans la maison les mains vides. »

« Les hommes d'Etat et les diplomates accrédités à Francfort ou de passage dans cette ville, se font un honneur de manifester leur estime à cet homme de bien. Il est extrêmement scrupuleux dans l'observation des cérémonies religieuses. Dans les grands dîners, qu'il donne souvent, il s'abstient de goûter des mets, qui ne sont pas préparés complètement d'après les rites religieux. Cette observation scrupuleuse et sincère des prescriptions religieuses lui vaut l'estime de ceux qui ne sont pas de sa religion et même des athées. »

« M. de Rothschild est le Juif le plus pieux de Francfort, Je n'ai jamais vu un homme qui se frappe la poitrine et qui gémisse et qui pleure de si chaudes larmes devant Dieu, dans la synagogue, le jour du Grand Pardon, comme le fait le baron Rothschild. Ainsi secourait-il le plus volontiers les hommes pieux, et de sa grande influence il intervenait même chez les gouvernements voisins pour les rabbins orthodoxes. Il se trouvait si bien dans son orthodoxie, que chaque essai de l'en arracher l'irritait. »

Un autre contemporain écrit après sa mort, qui a eu lieu 6 décembre 1855, dans sa nécrologie, ce qui suit :

« M. de Rothschild, en dehors de sa grandeur comme homme de finance, que nous n'entreprendrons pas d'apprécier, était un homme d'une intelligence profonde, et sa connaissance des hommes était merveilleuse. Il n'estimait que le caractère, et il méprisait les apparences; il honorait les hommes honnêtes et capables, et il haïssait les hommes faux et les flatteurs. Il était orthodoxe par la naissance, par l'éducation, par l'habitude et par la nature de son esprit. Il désirait que la jeune génération de sa famille cherchât à se distinguer par des mérites personnels, et qu'elle fût attachée au judaïsme; il craignait toujours le relâchement du judaïsme dans les générations postérieures. Anzelm dépensait des sommes énormes pour la charité et pour les établissements de bienfaisance. Il recevait des demandes de secours pour des établissements philantropiques, pour des synagogues, pour la dot des pauvres filles, pour les frais des études, etc., et ces demandes, il les recevait, non par centaines, mais par milliers et par dizaines de mille, et elles lui arrivaient de tous les pays du monde. Tout le monde s'adressait à cette antique charité juive d'Anzelm. Les pauvres ont beaucoup perdu par sa mort; mais aussi les hommes indépendants reconnaissent et sentent que c'est la vie d'une valeur extraordinaire qui s'est éteinte. »

« Malgré ces rares mérites personnels, les rapports du baron Anzelm avec la ville de Francfort, concernant les droits civils et politiques, étaient les mêmes que ceux des autres Juifs. Cette émancipation que la communauté juive a chèrement achetée chez le prince Dalberg, et qui, pendant la courte durée de la principauté de Francfort sous le gouvernement français, était déjà devenue une réalité, la communauté l'a perdue aussitôt que les Allemands furent affranchis du joug de la France. C'est ainsi qu'en 1812, Meyer Amschel Rothschild fut nommé membre du collége électoral; mais son fils fut exclu de la vie politique, les Juifs ayant été privés des droits de citoyen.»

« Anzelm légua à la communauté juive, pour les diverses branches de bienfaisance, la somme de 1,200,000 fl. Il a ordonné par testament la distribution régulière de secours hebdomadaires dans la maison natale de la famille du quartier juif. Cette maison elle-même fut destinée aux exercices pieux. Un employé fut nommé pour le légat sus-mentionné, qui demeure dans cette maison, et dix pauvres israélites sont payés pour faire dans cette maison les prières d'usage aux anniversaires d'Anzelm Meyer, de son épouse, de ses parents, de ses frères et de ses sœurs. Tous les ans on distribue dans cette maison du legs sus-mentionné, 7,500 fl. aux pauvres juifs de Francfort et des environs. »

Anzelm Meyer s'intéressait aussi pour la littérature du judaïsme et pour l'histoire juive. Du temps de la séquestration des biens des ordres monastiques en Espagne, il recommanda à son agent de Madrid d'acquérir pour lui tous les ouvrages et les manuscrits qui traitent des Juifs et qui se trouvent dans les bibliothèques de ces ordres.

Malgré son immense fortune, il vivait modestement et n'aimait pas le luxe. Il dit un jour à un savant français : « De toute ma fortune je n'ai que le devoir de l'administrer. » Il vivait heureux avec sa femme Ève, née Hanau. Il est mort, regretté par tous, à l'âge de 82 ans. Il est enterré dans le nouveau cimetière juif de Francfort, près de Charles Meyer, dont il nomma les fils ses légataires universels, lesquels sont encore à présent à la tête de la maison natale.

Le baron Anzelm était célèbre dans le monde orthodoxe par sa grande piété et par sa charité. Les orthodoxes
juifs qui l'appelaient « Reb Anschel de Francfort, » ra-
content de lui beaucoup d'anecdotes. Parmi les innom-
brables demandes qu'il recevait tous les jours, surtout en
langue hébraïque, il s'en trouva, dit-on, une qui ne conte-
nait que le seul mot *ghemara*. Étonné, il fit appeler l'auteur de la demande pour lui demander le sens de ce mot.
Les quatre lettres de ce mot, répondit le demandeur, sont
les initiales des quatre mots du salut en usage : « Guten
Morgen, Reb Anschel [bon jour, Monsieur Amzel], et
aussi des quatre mots de ma demande : Gibt Moëse Reb
Anschel [donnez de l'argent, Monsieur Amzel].

III

SALOMON MEYER ROTHSCHILD

Chef de la maison de Vienne, né 9 semptembre 1774,
mort 28 août 1855.

Le deuxième fils de Meyer Amschel, Salomon Meyer,
établit une maison de banque en 1816, à Vienne. En
1822 il fut élevé à la dignité de baron, ensemble avec ses
autres frères. Par ses talents extraordinaires dans les
opérations financières, il rendait à diverses occasions de
grands services au gouvernement autrichien. Il était, entre
autres, le fondateur du chemin de fer du Nord ; ce fait
suffirait à lui seul pour rendre immortel l'homme, qui
non seulement en a pris l'initiative, mais aussi qui l'a
mené à bonne fin par des moyens colossals et par sa rare

intelligence. Aussi la postérité a-t-elle su apprécier comme il faut les services de Salomon Rothschid. Dans une salle de la gare du Nord on a placé la statue de Salomon Rothschild, en grandeur naturelle, en y mettant l'inscription en lettres d'or : « La Société du chemin de fer du Nord de l'empereur François à son fondateur Salomon, baron de Rothschild. »

Dans la capitale, sur le Danube, il n'y avait guère d'homme plus populaire et plus sympathique que Salomon Meyer, en partie par l'amabilité de ses manières, et en partie par le noble usage qu'il faisait de ses richesses pour les pauvres. Tant qu'il vivait à Vienne, il faisait beaucoup de bien, sans distinction de religion, ni de nationalité. Il appartenait à la catégorie de ces hommes d'élite qui éprouvent le besoin indispensable de faire le bien. C'est un des beaux traits traditionnels de la famille de Rothschild, auquel tous les membres de Rothschild sont restés fidèles jusqu'à présent.

La ville de Vienne accorda les droits de cité à Salomon Meyer, afin de l'honorer pour ses grands services. Celui-ci répondit à cette distinction honorifique en offrant une somme considérable, dont les intérêts serviraient à secourir les pauvres étudiants de l'institut polytechnique de Vienne. Salomon a rendu de grands services aussi à la ville de Brun, la capitale de la Moravie. Il a légué pour cette ville une somme considérable pour l'institution qui a pour but de procurer la dot aux pauvres filles, et une autre somme pour fonder un hôpital pour les enfants. Pour reconnaître ces services, cette ville a également donné à Salomon les droits de cité !

En 1848, le baron Salomon quitta Vienne, à cause de

la révolution, et se transporta avec sa famille à Paris, où il mourut le 28 août 1855, à l'âge de 79 ans. Ici il a également laissé une œuvre considérable, en offrant 200,000 fr. pour la fondation d'un orphelinat, qui fut réellement fondé par sa fille Betty, la femme du baron James, le chef de la maison de Paris. Il eut avec sa femme Caroline, née Stern, deux enfants, la fille sus-mentionnée Betty, l'épouse du baron James Rothschild, et un fils, Anzelm, son successeur à la tête de la maison de Vienne.

ANZELM ROTHSCHILD

Né 29 janvier 1803, mort 27 août 1874.

Fils de Salomon Meyer, fréquenta l'université de Berlin. A l'âge de 20 ans, il commença sa carrière commerciale chez son beau-frère James, à Paris. Son oncle Anzelm Meyer, de Francfort, étant arrivé à un âge très avancé, il a pris pour un certain temps la direction de la maison natale de cette ville. En 1855, il établit à Vienne une maison de banque.

Anzelm, le digne héritier des vertus de son père, fut nommé, en 1861, membre de la maison des Seigneurs de l'Autriche. En l'honneur de son père, il a non seulement conservé l'ancienne raison sociale à la maison de banque qu'il avait établie à Vienne, mais il a fondé aussi beaucoup d'établissements de bienfaisance, qui tous portent le nom de son père. Outre les sommes considérables qu'il a données à la ville et à la communauté israélite, il a fondé à ses frais, à Vienne, un hôpital israélite magnifique, qui contient plus de cinquante salles. Cet hôpital porte également le nom du père du fondateur.

Anzelm avait épousé sa cousine Charlotte, la fille de son oncle Nathan Meyer, de Londres. Son fils aîné, Ferdinand [né 18 décembre 1839], demeure à Londres en homme privé et s'occupe de littérature. De ses deux fils qui demeurent à Vienne, les barons Albert et Nathaniel, le premier [né 29 octobre 1844], succéda à son père dans la direction de la maison de Vienne, dont il est encore le chef.

IV

NATHAN MEYER ROTHSCHILD

Chef de la maison de Londres, né 16 septembre 1777,
mort 28 août 1836.

Le troisième fils du fondateur de la maison Rothschid, Nathan Meyer, était le plus génial de ses frères, qui possédaient cependant tous des talents extraordinaires. En 1798, il s'établit à Manchester, où il exécutait les opérations commerciales que son père lui avait commandées. Mais, cinq ans plus tard, il s'établit à Londres, où il fonda une maison de banque considérable, en rapport avec la grandeur de la ville, le centre du commerce du monde entier. Même dans ce centre du commerce, Nathan Meyer de Rothschild excita l'admiration générale par la hardiesse de ses entreprises, par la sagacité de son génie et par ses appréciations très justes des complications politiques. Il était, à proprement parler, la grande force qui mettait en mouvement cette énorme richesse, laquelle était représentée par tous les frères Rothschild ensemble.

Gutzkow caractérise cet homme extraordinaire comme suit :

« Nathan représente admirablement la cité — par ses mœurs, par sa manière de penser et par sa richesse. Il soutient ses entreprises et les conduit avec la main puissante d'un géant. Tout en lui est colossal. Quand il chasse, il doit au moins tuer des éléphants. »

En 1806, il épousa Hannah, la troisième fille du baronnet Cohen. Les deux époux étaient extrêmement charitables. Ils ont fondé à Londres un grand nombre d'établissements de bienfaisance.

Nathan Meyer est mort avant ses frères, le 28 août 1836, à Francfort sur le Mein, où il était allé aux fiançailles de son fils aîné Lionel avec Charlotte, la fille de son frère Charles Meyer, de Naples. Il fut atteint par une apoplexie à l'âge de 59 ans. Le pigeon messager qu'on tira à Brighton, avait à son cou une petite carte avec ces trois mots : *Il est mort*. On apprit donc tout de suite en Angleterre, que Nathan Meyer a cessé de vivre; car il avait l'habitude de se servir de pigeons messagers pour ses opérations commerciales, et partout où il voyageait, il avait une paire de ces messagers ailés. On a conduit ses restes mortels à Londres, où on l'a enterré dans le cimetière de la grande synagogue des Juifs allemands, dans la place appelée *Dukesplace*. Il a laissé quatre fils : Lionel, Meyer, Nathaniel et Antoine.

LIONEL ROTHSCHILD

Né 22 novembre 1808, mort 3 juin 1879.

Il a fait ses études à l'université de Goettingue, et après la mort de son père il lui succéda dans la direction de la maison de Londres. En 1840, quand à Damas éclata la grande persécution des Juifs, par suite de la calomnie qu'on connaît, Lionel défendit ses coreligionnaires de l'Orient avec une énergie extraordinaire, conjointement avec son frère Nathaniel, sir Moses Montefiore et d'autres. En 1847, il fut élu par la cité député de la Chambre des communes. Cependant, ne pouvant pas prêter le serment prescrit sur l'Evangile, il ne pouvait pas occuper sa place de député. En 1849 et 1852, il fut de nouveau élu, sans pouvoir occuper sa place à cause du serment. Ce n'est qu'en 1858, où l'émancipation des Juifs fut en Angleterre légalement prononcée, que Lionel, élu pour la quatrième fois, put occuper sa place dans la Chambre. Les Juifs de Londres lui offrirent, comme au premier député juif du Parlement, un album richement orné et pourvu d'une inscription de circonstance. Le refus persévérant de Lionel de prêter le serment incompatible avec sa religion pour occuper sa place au Parlement, a beaucoup contribué à décider les deux Chambres à prononcer l'émancipation des Juifs. Le principal avocat de cette émancipation était, comme on sait, Benjamin d'Israéli, plus tard appelé lord Beaconsfield.

Lionel avait deux filles, dont l'aînée, Eléonore, épousa Alphonse, le fils aîné du baron James de Rothschild, de Paris. L'autre fille de Lionel épousa Ferdinand, le fils aîné du baron Anselm Rothschild, de Vienne. La femme de Lionel se distinguait également, comme son mari, par une bienfaisance extraordinaire et par la grande sympathie qu'elle éprouvait pour ses coreligionnaires. Outre les nombreuses fondations locales, elle entretenait à ses frais une maison de refuge et d'éducation, à Jérusalem, pour des orphelins juifs.

MEYER ROTHSCHILD

Né 29 juin 1818.

Fut nommé en 1859, député au Parlement, plus tard il prit la direction de la maison de Londres. Il est mort le 6 février 1878.

NATHANIEL ROTHSCHILD

Né 2 avril 1812.

Était le gendre de James, de Paris, dont il avait épousé la fille aînée, Charlotte. Paralysé pendant vingt ans, et ayant perdu plus tard même la vue, il supportait ses doubles infirmités avec la résignation d'un philosophe. Il est mort en février 1870.

ANTOINE ROTHSCHILD

S'occupait plus des œuvres de charité et de l'éducation de ses enfants que de finance. Sa veuve, Louise, une femme pieuse et très instruite, publia, en 1855, en anglais et en allemand : *Versets bibliques pour tous les jours de l'année;* un livre pour la jeunesse israélite.

En 1859, elle publia un autre ouvrage de plus grandes dimensions : *Méditations sur des textes bibliques dans les allocutions à mes enfants.*

Comme la mère, ses filles, Constance Rothschild et Anne Rothschild, s'occupent avec beaucoup de zèle de la science juive. Toutes les deux étudient avec assiduité la Bible et l'histoire de la littérature israélite. Ces dames, qui reçoivent dans leurs salons les diplomates et les savants les plus illustres, se dévouent avec un zèle admirable aux études ardues de l'histoire d'Israël, depuis les temps les plus anciens jusqu'à la chute du royaume des Juifs, et elles ont publié un excellent ouvrage : *Histoire de la littérature israélite*, qui comprend deux tomes, dont le premier est l'œuvre de Constance et le deuxième est celle d'Anne. Cet ouvrage, paru en 1871-1872, a eu un grand succès et il en a été publié plusieurs éditions. Le chapitre qui traite des *Ourim ve-thoumim*, se distingue par la richesse de pensées et par la clarté de l'exposition. En 1876, Constance Rothschild a fait insérer dans le *New Quartely Magasine* un article sur la position des femmes juives dans des époques différentes, dans lequel elle se distingue par une érudition peu commune et par un grand talent critique.

Après la mort du baron Lionel, son fils, le baronnet Nathaniel [né le 8 novembre 1840], lui succéda dans la direction de la maison de Londres.

Ici se place la mention de deux actes dignes de remarque, qui se sont passés dernièrement dans la famille de Rothschild. Le 19 janvier 1881, Léopold, le fils du baron Lionel de Rothschild, épousa mademoiselle Perugia, de Trieste. Le mariage fut célébré scrupuleusement selon les anciens rites juifs, dans la synagogue de la *Portland-street*, à Londres, synagogue fondée jadis par le père du jeune marié. Dans la synagogue se trouva, parmi les autres invités de la noce, le prince de Galles et lord Beaconsfield, qui ont tous les deux souscrit comme témoins l'acte de mariage et partagé aussi le repas de la noce, lequel repas fut préparé très scrupuleusement selon toutes les lois culinaires du judaïsme. Ce repas se caractérisa encore plus comme un repas juif, quand à la fin, le baron Nathaniel Rothschild se leva et invita tous ses hôtes à la cérémonie de la confirmation religieuse [*bar-mitzvah*] de son fils, qui devait avoir lieu le samedi suivant. Un journal israélite de Londres, écrit de ce mariage, ce qui suit :

L'assistance des hommes de la plus haute société à une solennité de la famille de Rothschild, prouve en même temps que les Juifs anglais sont très estimés par leurs concitoyens chrétiens; car, cette famille, quoiqu'elle occupe une très haute position dans la société générale, est aussi fortement attachée à la religion mosaïque que tous leurs coreligionnaires. La famille de Rothschild représente donc le judaïsme de la manière la plus parfaite. Les membres de cette famille reconnaissent publiquement les principes de leur religion; ils n'ont pas du tout cette fausse honte que tant d'autres Juifs, arrivés à une haute position, éprouvent pour leur origine. Dans toutes les affaires de la communauté, les membres de cette famille prennent leur part très active et avec beaucoup d'intérêt. C'est à ces excellentes qualités personnifiées par les Rothschild, que le prince de Galles et l'élite de la société anglaise ont rendu un hommage mérité.

Un autre journal de Londres écrit de la cérémonie de la confirmation religieuse [*bar-mitzvah*], ce qui suit :

Après le mariage splendide célébré dans la synagogue de la Portland-street à Londres, eut lieu le samedi suivant le 19 avril, une solennité de la simplicité la plus noble. Monsieur Lionel Walter de Rothschild, le fils aîné de Nathaniel, célébra le treizième anniversaire de sa naissance. Le grand salon de la maison fut transformé en synagogue. L'office se fit scrupuleusement selon les rites.

L'honneur d'ouvrir l'arche, celui de soulever le rouleau de la loi, celui de le fermer, etc., fut donné à tour de rôle aux membres de la famille. L'honneur de fermer le rouleau (*ghelila*) obtint le jeune héros de la journée. M. de Rothtchild récita très distinctement le passage du Pentateuque qu'on devrait lire cette semaine. L'heureux père récita ensuite la bénédiction prescrite. Tous ceux qui se trouvaient dans la synagogue prirent part au repas qu'on donna après l'office. Le jeune héros de la journée récita la longue prière après le repas, sans en omettre un seul mot, et sans faire la moindre faute de prononciation.

Les membres de la famille de Rothschild sont justement fiers des traditions israélites de leur nation et ils le montrent. Sir Nathaniel et son frère cadet, Léopold, font tout leur possible pour tenir haut le drapeau du Judaïsme. S'ils jouent un rôle considérable comme citoyens, ils désirent aussi rester de véritables israélites. De nos jours, il est doublement nécessaire que nos coréligionnaires, éminents par leur fortune et leur haute position, donnent au monde l'exemple de fidèles et sincères israélites, non comme représentants du fanatisme, mais comme des hommes fidèlement attachés à la religion de nos pères, dans ce qu'elle a de grand et de saint.

Nos Rothschild se conduisaient toujours comme de vrais israélites. Nous devons les honorer et les aimer. Les deux solennités que nous venons de décrire, le mariage dans la synagogue de la Portland-street, et la confirmation religieuse (*bar-mitzvah*) dans le Tring-Park, étaient l'expression des sentiments véritablement israélites.

V

Charles Meyer Rothschild

Chef de la maison de Naples, né 24 avril 1788,
mort 10 mars 1855.

Le quatrième fils d'Amschel Meyer s'établit en 1821 à Naples. Il était très religieux, et par conséquent ressemblait plus que ses frères au très pieux Amschel Meyer de Francfort. Ses enfants ont eu une éducation vraiment israélite. Par suite de la dernière révolution de Naples, il quitta cette ville et s'établit avec sa famille à Francfort. Comme tous les endroits où les Rothschild étaient établis, Naples a aussi obtenu de notre Charles Rothschild un souvenir mémorable. En 1846, il a offert à un des asiles d'enfants l'Italie, *San Carlo alle mortelle*, 30,000 ducats. Cette maison destinée aux orphelins, porte encore à présent le nom de *Asile de Rothschild*. Il est mort à Francfort le 10 mars 1855 à l'âge de 67 ans.

Adelaida Rothschild, née Hertz

Née 14 janvier 1780, morte avril 1853.

L'épouse de Charles Meyer était la fleur des femmes d'Israël, et la gloire du beau sexe en général. Elle était encore plus charitable que les autres membres de sa famille, et elle faisait du bien au nom de la religion. Quand on voulait l'honorer pour la générosité extraordinaire avec laquelle elle donnait l'aumône, elle avait l'habitude de répondre : « Cependant ma religion m'ordonne de distribuer aux pauvres une grande partie de mes richesses. »

Elle ne se contentait pas de donner largement l'aumône en Italie, elle n'oubliait pas non plus les nécessiteux de son pays natal de l'Allemagne.

Un jour qu'elle se trouvait à Francfort, elle fit confectionner des habillements en grande quantité pour les établissements fondés à Berlin et à Hambourg pour le sexe féminin. Des magasins pleins de marchandises furent entièrement achetés par elle pour ces habillements. Elle n'attendait pas la demande des pauvres, mais elle les recherchait, et elle savait reconnaître la position embarrassée des gens qui cachaient leur misère sous l'apparence du bien-être. Elle aimait surtout à secourir les pauvres honteux. C'était une femme extraordinaire.

Une bonté d'ange, un esprit très cultivé, aimant les arts et la littérature, un sentiment religieux sincère, éclairé et sans préjugés, elle possédait toutes ces qualités ensemble à un degré tel qu'on les trouve rarement réunies dans une même personne. Et cette noble femme, pleine de sentiments délicats pour ceux qui souffrent, était aussi très courageuse, quand il s'agissait de défendre son peuple qui était encore persécuté. Son audience chez le pape Pie IX mérite une mention spéciale. Le cardinal Della Gengha et quelques autres cardinaux persécutaient cruellement les Juifs de Rome. Adelaïde Rothschild, pleine d'amour pour sa religion et ses coréligionnaires, se plaignit devant le Pape, auquel elle dit courageusement ces paroles : « Une barbarie pareille dans le dix-neuvième siècle est doublement blâmable. Si le chef de l'église catholique tolère ces persécutions contre les Juifs, par cela même il perd le droit de se plaindre de ce que les catholiques sont persécutés en Irlande. »

Cette femme d'élite mourut en avril 1853 à l'âge de 73 ans, mais son nom brillera longtemps dans les annales de l'histoire des Juifs.

Sa fille, qui a hérité de ses qualités excellentes, était la baronne Charlotte, la femme de Lionel de Londres. Charlotte, en digne fille de sa mère, fonda à *Bell Lane* une maison de refuge et une école pour les pauvres filles, dans laquelle elle faisait elle-même des cours tous les samedis et les jours de fête. Ces cours furent publiés plus tard et ensuite traduits en français et en allemand. Quant à ses autres travaux littéraires, nous en avons parlé plus haut.

En 1874, elle publia encore un recueil d'histoires pour la jeunesse. Comme sa mère le faisait jadis, Charlotte Rothschild défendit son peuple dans la lettre anonyme adressée à Lord Chelser, sous le titre de « Lord Chelser et les Juifs. »

Adelaïda et son mari Charles Meyer Rothschild avaient deux fils : Meyer Charles et Guillaume Charles. Ces deux fils sont à la tête de leur maison de Francfort. Quand Anzelm Meyer y est mort en 1855 et qu'Anzelm, le fils de Salomon, se transporta à Vienne, Meyer Charles prit la direction de la maison natale de Francfort. Il fut élu membre de l'assemblée constituante et du corps législatif de l'Allemagne du Nord, et peu de temps après il fut nommé membre de la chambre des Pairs de la Prusse. Sa femme Ludwika obtint en 1876 de l'empereur de l'Allemagne l'ordre de Louis. Elle est l'auteur de quelques ouvrages qui traitent des questions juives.

Quand les Prussiens imposèrent à la ville de Francfort une forte contribution, c'était le baron de Rothschild qui fut élu par la ville comme son représentant. Indigné des prétentions exagérées des Prussiens, Rothschild dit au général Manteufel : « Votre Excellence connaît parfaitement la portée de ses canons, mais non pas celle de la puissance financière de la maison de Rothschild. »

Guillaume Charles représente dans la famille de Rothschild la direction très orthodoxe. Il a offert 300,000 Marks pour fonder une école pour le Judaïsme orthodoxe. Sa femme Mathilde fit, en l'honneur de son père Anzelm Rothschild mort à Vienne, un legs d'un quart de million de Marks, pour secourir la jeunesse juive et chrétienne qui fréquente l'institution technique. Anzelm a mérité cet honneur, puisque lui aussi il a dédié toutes ses fondations de Vienne à la mémoire de son père.

VI

JAMES [JACOB] MEYER ROTHSCHILD
Chef de la maison de Paris,
Né 15 mai 1792, mort 15 novembre 1868.

Le plus jeune des cinq frères de Rothschild, le dix-neuvième enfant de Meyer Amschel et de sa femme Ghittle, était très aimé dans son entourage et même de tous ses coreligionnaires. Il est en effet difficile de trouver parmi les juifs de nos jours un nom plus sympathique que celui de James Rothschild. Sa femme Bettina, un noble cœur, pleine de bonté rare, la fille unique de Salomon Meyer, le fondateur de la maison de Vienne, s'est acquis, comme son mari, la première place dans la mémoire reconnaissante de ses coreligionnaires, et son nom est honoré de tout le monde.

James Rothschild, arrivé à l'âge de 13 ans, partit, pendant la blocade continentale, de l'un des ports de mer du Nord pour l'Angleterre, pour y être introduit par son frère aîné Nathan Meyer, de Londres, dans le monde commercial. Londres, Manchester et Dunkerque étaient des écoles préparatoires pour le jeune James, doué d'une intelligence hors ligne et qui, à l'âge de 18 ans, fonda la maison de banque de Paris.

Déjà en 1812, on trouve dans les archives de la communauté juive de Paris, le nom du jeune James Rothschild comme le plus grand bienfaiteur de la communauté. En juillet 1824, il épousa la fille de son frère Salomon, de Vienne, la baronne Betty, qui ouvrit à Paris un salon de réception pour le grand monde. Ce salon était pendant près d'un demi-siècle le rendez-vous de tout ce que la diplomatie, la science, les arts et la noblesse avaient de plus distingué à Paris. Parmi les femmes de la famille de Rothschild, qui étaient toutes douées des dons de l'esprit et du cœur, la baronne Betty occupe le premier rang.

Le baron James se montrait plein de courage en février 1848. Quand, dans la révolution, sa villa de Passy fut détruite et que tout le monde était dans une grande anxiété, il chercha à tranquiliser au moins les personnes de son entourage. Il rassembla donc tous les employés de sa maison, et il leur adressa ces paroles : « Soyez tranquilles, mes enfants, tant que j'aurai de quoi acheter un morceau de pain, vous aurez aussi de quoi manger. »

Et les employés reçurent ces paroles de leur noble chef avec la reconnaissance la plus profonde. Quelques heures plus tard arriva le fondateur du journal *le Temps*, qui déjà, pendant la révolution de juillet 1830, joua un rôle considérable, et dit au baron : « Voilà que tout est tombé, même le roi et les ministres ; vous seul, vous êtes debout. Veuillez vous rendre dans l'hôtel de ville, où siège le gouvernement provisoire. Tous se rassembleront autour de vous. » Le baron répondit : « Je vous remercie de votre bienveillance. Mais ce fauteuil est mon trône. Je remercierai Dieu, si on me laisse tranquille dans ma maison ; je ne demande pas davantage. »

Le baron James était israélite de tout son cœur, et il considérait encore comme un devoir sacré de servir d'exemple aux autres. C'est dans le même esprit que sa femme, la baronne Betty, fait l'éducation de ses enfants. Ainsi cherchent-ils, comme le baron James lui-même, à profiter de toutes les occasions pour améliorer le sort des Juifs des divers pays.

Le baron James et sa femme, la baronne Betty Rothschild, ont fondé à Paris :

1) Un hôpital magnifique le 26 mai 1852. En 1853, l'hôpital renferma 174 lits, dont le nombre fut augmenté plus tard. En 1865, on y a arrangé des services séparés pour les enfants malades, pour les accouchées, pour les enfants à la mamelle et pour les vieillards malades.

2) Plus tard, le baron James et sa femme ont fait construire, près de l'hôpital, une maison de retraite pour les vieillards pauvres. Les deux fondations ont coûté plus de 2 millions de francs, et les fondateurs en ont offert autant comme un capital, dont les intérêts servent à l'entretien de ces fondations.

3) La baronne Betty Rothschild a, plus tard, en l'honneur de son fils Salomon, mort à l'âge de 19 ans, le 14 mai 1864, et de son mari, mort le 15 novembre 1868, fondé une maison splendide pour les incurables.

4) En 1857, elle fit construire, à ses frais, un orphelinat, à l'entretien duquel son père Salomon Meyer a fait un legs de 200,000 fr., à laquelle somme elle a ajouté une rente annuelle de 5,000 fr.

5) Déjà, avant 1844, la baronne Betty fonda une société de dames pour la protection de jeunes filles pauvres qui, sous la présidence de la noble fondatrice, fait énormément de bien.

A Jérusalem, le baron James Rothschild et sa femme ont fondé :

1) Un hôpital magnifique, le 26 juillet 1854, dédié à la mémoire du fondateur de la maison de Rothschild, sous le titre : *Hôpital de Meyer Rothschild.*

2) Une maison pour les femmes accouchées.

3) Une école pour les filles, avec cinq institutrices, deux espagnoles et deux allemandes pour l'enseignement des langues et d'autres sujets élémentaires, et la cinquième pour l'enseignement des métiers. Cette école était d'abord sous la protection de la baronne Nathaniel, la digne fille de la baronne Betty, et, en 1866, elle fut réorganisée par la baronne Lionel.

4) Une caisse de prêts de 200,000 piastres, ou environ 50,000 fr.; on fait des prêts de 100 à 800 piastres, sans aucun intérêt, à la condition d'un payement de 2 pour 100 par mois.

5) Un établissement pour les jeunes gens qui apprennent un métier dans les fabriques. Cet établissement se trouve sous la protection des fils du baron James. Le baron Raimond Franchetti, le gendre du baron Anzelm Rothschild, de Vienne, a offert plus tard à cet établissement une somme de 50,000 fr. et en outre une rente annuelle de 1,500 fr.

L'histoire des Juifs, chez lesquels la charité est une des vertus nationales, n'offre peut-être pas un deuxième exemple d'une famille qui ait fondé tant d'établissements de bienfaisance et qui ait donné tant d'aumônes dans tous les pays du monde, comme l'a fait la famille de Rothschild. Et ces actes de charité de cette noble famille que nous voyons, disparaissent en comparaison avec ce que cette famille donne tous les jours pour secourir les nécessiteux et pour satisfaire aux besoins des malheureux de tous les pays du monde.

Dans *le Journal des Débats*, du 28 décembre 1856, on lit ce qui suit :

« Tu connais certainement le baron de Rothschild, l'homme le plus riche et le plus généreux de la France. Il a gagné ses richesses sans doute de la manière la plus loyale, et il dépense pour les bonnes œuvres beaucoup plus que les richards dont la fortune a une origine moins noble. Outre les grandes sommes qu'il dépense tous les ans pour les bonnes œuvres, il met à la disposition de sa femme la baronne, la dixième partie des revenus de la maison, pour être également employée pour les œuvres de charité. Il a établi un bureau spécial pour les œuvres de bienfaisance. Un employé reçoit les demandes, un autre prend des informations sur les demandeurs et un troisième distribue les secours. Les diverses demandes sont arrangées en diverses catégories. Il y a une division des demandes des pauvres honteux, une division des personnes ruinées par un accident imprévu, une division des femmes enceintes, etc., etc. M. Rothschild fait en deux jours plus de vêtements pour les pauvres enfants que ses collègues n'en déchirent en deux ans. »

En 1840, le baron James entreprit la construction, en France, du chemin de fer du Nord, et il l'a achevé avec autant de succès que son frère et beau-père Salomon Meyer Rothschild a effectué en Autriche la construction du chemin de fer du Nord de l'empereur Ferdinand.

Gutzkow caractérise le baron James Rothschild comme suit :

« James à Paris, écrit-il, est un parisien, c'est-à-dire que cent et un écrivains peuvent écrire de lui leurs pensées, mais ils ne l'épuiseront pas en douze tomes de grand format. »

James était, à partir de 1822, consul général de l'Autriche. Le jour de sa mort, 15 novembre 1868, était un jour de deuil pour tous ceux qui avaient l'honneur de le connaître. Les successeurs dans la direction de sa maison de banque de Paris sont ses deux dignes fils : le baron Alphonse et le baron Gustave.

Le baron Alphonse Rothschild, né 1er février 1827, est très actif comme chef de la maison. Les deux frères sont, comme leur regretté père, pleins de dévouement pour leur patrie comme de vrais citoyens, et aussi pleins de zèle pour le judaïsme et pour leurs coreligionnaires. Le 3 février 1881, le baron Alphonse célébra la confirmation religieuse *(bar-mitzvah)* de son fils, et il offrit à cette occasion, entre autres, 100,000 fr. au comité de bienfaisance, et 50,000 fr. à la caisse de la communauté, et il donna en outre 1,000 fr. à chacun des garçons juifs de la France qui a célébré sa confirmation religieuse le même jour que son fils. Dans toutes les questions d'humanité en général, où il s'agit de soulager les souffrances des nécessiteux, non seulement de la France, mais aussi du monde entier, les frères Rothschild se mettent à la tête en faisant des offres plus que princières.

Leur mère, la baronne Betty, se distingue non seulement par sa charité, mais aussi par la protection qu'elle accorde à la littérature juive. En 1849 elle offrit la somme de 8000 fr. à donner à une demoiselle juive qui, à l'examen public, se distinguerait par sa connaissance de la langue hébraïque. C'est aussi aux frais de la baronne Betty Rothschild que feu Salomon Munk a publié son ouvrage intilué *More neboukim.*

Sa fille Bettina, qui épousa, le 22 mars 1876, le baron Albert Rothschild, le chef de la maison de Vienne, aime également les sciences. Elle a passé elle-même l'examen d'institutrice, et pendant les années de ses études elle a payé les frais d'étude de huit élèves qui voulaient aussi devenir institutrices. Toutes les femmes de la famille de Rothschild se distinguent par l'éducation qu'elles donnent à leurs enfants; mais la baronne Bettina voulait en outre se préparer à cette éducation de ses enfants en faisant elle-même les études d'une institutrice.

Le baron James-Eduard Rothschild, qui est mort subitement à Paris, il y a quelques semaines, était le petit-fils du fondateur de la maison de Paris, et de Nathan Meyer, le fondateur de la maison de Londres. Car Nathaniel, le fils de Nathan Meyer, a épousé Charlotte, la fille de James de Paris; et de ce mariage est né James-Eduard, qui est mort à l'âge de 37 ans, regretté et estimé pour sa charité et pour ses œuvres littéraires.

Citons enfin une lettre de Salomon Meyer Rothschild, de Vienne, qui mérite d'être reproduite en lettres d'or dans les annales du Judaïsme; car on y voit que les Rothschild, outre leur dévouement patriotique à leur patrie, étaient très attachés à leur religion et à leurs coreligionnaires.

Quand, le 11 janvier 1843, Vienne, la capitale de l'Autriche, accorda au baron Salomon Rothschild les droits de cité, tandis que ses coreligionnaires n'étaient pas encore considérés comme citoyens en Autriche, Salomon Meyer Rothschild écrit aux représentants de la ville une lettre, dans laquelle on trouve entre autres ce qui suit :

Honorables représentants de la ville et citoyens !

La bienveillance et la sympathie exprimées dans la lettre du 11 janvier de cette année, que vous m'avez adressée à l'occasion d'un fait lequel, comme vous le dites vous-mêmes, fait époque dans l'histoire des juifs de l'Autriche, m'ont fait beaucoup de plaisir. L'expression de ces sentiments m'a fait d'autant plus de plaisir, que j'y vois la preuve la plus évidente de votre sympathie pour la communauté israélite tout entière, à laquelle je suis-attaché de toute mon âme et de tout mon cœur, et à laquelle toute ma famille, jusqu'à la dernière génération, sera attachée, avec l'aide de Dieu, avec la même piété et avec les mêmes sentiments religieux.

« Les faibles services que mes frères et moi nous avons rendus à la monarchie autrichienne et à la ville de Vienne, étaient et sont pour nous un stimulant pour leur rendre encore des services d'une véritable valeur, afin de prouver au gouvernement que les Juifs sont assez avancés dans leurs sentiments patriotiques, pour être dignes de servir la patrie avec leurs talents, leur bien et leur sang, et de partager les droits et les devoirs des autres citoyens de l'Autriche.

« Si cependant je sais apprécier le fait que vous avez les premiers salué avec plaisir, comme la plus belle récompense de mes services ; si je suis fier de l'honneur que la bienveillance impériale a bien voulu m'accorder ; si je suis heureux de partager les prérogatives auxquels tous les citoyens de la capitale peuvent être admis, je souffre néanmoins en pensant que je constitue une exception parmi mes coreligionnaires qui, dans la position qu'ils occupent dans l'empire, comme de fidèles sujets de notre empereur, devraient avoir les mêmes droits que les citoyens des autres cultes.

« Espérons, Messieurs ! que les Juifs obtiendront à la fin tous les droits civils.... Espérons que le temps viendra bientôt où le Juif, toujours prêt à tout sacrifier sur l'autel de la patrie, pourra, dans la pleine jouissance des droits de citoyen, remplir les fonctions civiles avec le sentiment d'un devoir sacré, et que dans toute l'étendue de sa patrie, que tant de citoyens ont arrosée de leur sang dans les jours de danger, il aura le droit de considérer comme sien quelque chose de plus que la petite place de terrain qu'on lui donne à présent pour enterrer ses morts......

« Belles sont vos paroles : la foi civile et la charité sont l'héritage que nos ancêtres nous ont laissé. »

« Ces paroles sont l'écho fidèle des sentiments du fils qui, comme toute sa famille, considérera toujours comme son devoir le plus sacré d'agir dans l'esprit des pieuses recommandations de son père adoré : secourir fraternellement l'humanité souffrante, et porter aide et secours aux israélites de tous les pays du monde, où ils souffrent de la persécution et de la misère. »

« Oui, Messieurs ! les étincelles sacrées de la science divine seront une colonne de feu qui, comme du temps de Moïse, marchera devant nous, pour dissiper les ténèbres qui existent encore et pour faire naître le jour dans lequel les Juifs auront les mêmes droits que les citoyens des autres cultes. »

Le jour dont parle le baron Salomon est déjà arrivé pour les Juifs de l'Autriche, et le baron était le premier qui, en 1843, travaillait déjà pour l'émancipation des israélites de son pays; et les autres membres de cette noble famille agissaient de même chacun pour les Juifs de sa patrie.

Les noms des frères Rothschild et de leurs dignes enfants seront immortels et toujours prononcés avec le plus grand respect et avec la reconnaissance la plus profonde.

PARIS. — IMP. V. GOUPY ET JOURDAN, RUE DE RENNES, 71.